LE TROISIÈME TESTAMENT

3. LUC, OU LE SOUFFLE DU TAUREAU

Scénario
X. DORISON (TSC) - A. ALICE
sur une idée originale de X. Dorison

·

Dessins et couleurs
A. ALICE

·

Mathieu Lauffray a mis en ténèbres les pages 36 et 37.
Le massacre en page 45 est l'œuvre de Patrick Pion.
Le portrait d'Elisabeth en couverture est inspiré de
"The Blue Mandarin Coat" par Joseph de Camp.

Glénat

LE TROISIÈME TESTAMENT...

Ce texte mythique confié par Dieu aux évangélistes est au cœur d'une lutte de pouvoir sans merci
à travers la Chrétienté.
La horde de l'évêque Uther le Pourpre et le puissant Ordre templier sont prêts à tout pour mettre
la main sur les carnets de voyage de Julius de Samarie, où serait indiquée
la localisation exacte du Troisième Testament.
Pour contrer ces deux groupes aux motivations encore mystérieuses,
l'ancien inquisiteur Conrad de Marbourg et la jeune Elisabeth d'Elsenor reçoivent l'appui de Gherard Steiner, maître du chapitre occulte
des espions de l'Église.
Ce vieil ami de Marbourg leur adjoint l'aide d'un de ses hommes, à Trevor O'Neil, et les envoie en Ecosse
pour faire échec à l'évêque pourpre et sa horde.
Mais Gherard est arrêté par les Templiers, et Marbourg, Elisabeth et Trevor sont emprisonnés
au cœur de l'île-forteresse de Stornwall.
Déjà en possession des carnets de Julius et de leur copie, Uther le Pourpre a envoyé ses cavaliers
chercher le dernier élément qui le sépare de son triomphe...
À la merci des moines noirs et de l'évêque, Marbourg a cependant découvert l'identité de leur véritable maître :
le comte de Sayn.
Un nom qui rouvre en lui les blessures d'un passé meurtri.

Vingt ans auparavant...

Les auteurs tiennent à remercier :

Mathieu Lauffray et Patrick Pion dont la présence a compté pour cet album (et ses auteurs !)
ainsi que
Denis Bajram et Valérie Mangin pour leur expertise,
Valérie, Fabien, Laure, Cédric et Eric pour leurs relectures éclairées,
Marie-Hélène, Franck et Sylvie pour leurs conseils avisés,
Ion Cepleanu et Esther Tankel pour leur travail sur l'énigme des carnets de Julius.

EMBARQUEZ SUR **www.glenat.com**

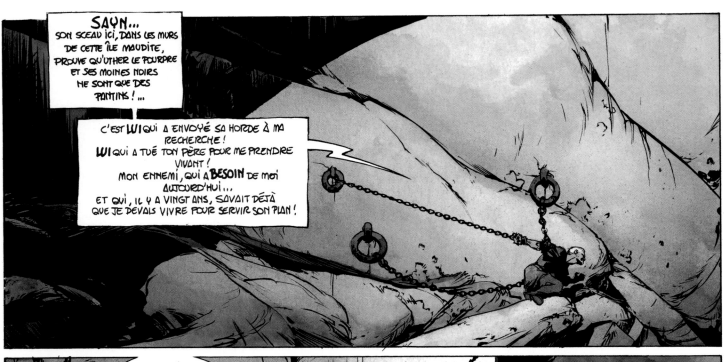

SAYN...
SON SCEAU ICI, DANS LES MURS
DE CETTE ÎLE MAUDITE,
PROUVE QU'UTHER LE POURPRE
ET SES MOINES NOIRS
NE SONT QUE DES
PANTINS ! ...

C'EST **LUI** QUI A ENVOYÉ SA HORDE À MA
RECHERCHE !
LUI QUI A TUÉ TON PÈRE POUR ME PRENDRE
VIVANT !
MON ENNEMI, QUI A **BESOIN** DE MOI
AUJOURD'HUI ...
ET QUI, IL Y A VINGT ANS, SAVAIT DÉJÀ
QUE JE DEVAIS VIVRE POUR SERVIR SON PLAN !

IL M'A SAUVÉ LA VIE,
ÉLISABETH !
CETTE VIE DONT JE NE VOULAIS PLUS,
QUE TON PÈRE COMME GHERARD
ONT ÉTÉ IMPUISSANTS
À PRÉSERVER ...

C'EST
SAYN QUI LA
CONVOITAIT !

MAIS AU
NOM DU CIEL,
POURQUOI
?

VOUS AVIEZ
JURÉ SA PERTE,
IL DEVRAIT VOUS
VOULOIR MORT !

APRÈS VINGT ANS,
CHERCHE-T-IL ENCORE
UNE VENGEANCE ?
OU EST-CE AUTRE CHOSE,
MARBOURG ?

AVEZ-VOUS
UN LIEN AVEC
SA QUÊTE ?

...AVEC LE
TROISIÈME
TESTAMENT
?

JE L'IGNORE.
TOUT COMME J'IGNORE
SON VÉRITABLE
BUT...

MAIS DÈS NOTRE
PREMIÈRE RENCONTRE,
J'AI **SU** LE MAL EN LUI...
ET POUR PUISSANT QU'IL
ÉTAIT, JE **DEVAIS**
LE DÉTRUIRE !

SEUL
CONTRE CE DÉMON,
J'AI PAYÉ LE PRIX
DE MA PRÉSOMPTION.

AUCUNE JUSTICE
EN CE MONDE
NE PEUT L'ABATTRE !

LE SEUL MOYEN
DE L'ATTEINDRE EST DE
S'ATTAQUER À CE QU'IL A DE
PLUS PRÉCIEUX...
LES CARNETS DE JULIUS
!

4.

C'EST SANS ESPOIR...

ILS ONT DÉJÀ EMPORTÉ TREVOR... COMMENT POURRIONS-NOUS JAMAIS SORTIR D'ICI ?

C'EST MOI QU'ILS VEULENT, ÉLISABETH...

DIEU NE TE LAISSERA PAS FINIR AINSI...

"...À PRÉSENT, IL FAUT PRIER."

5.

OÙ EN SOMMES-NOUS, TESSINGHER?

LA COPIE RAMENÉE DE TOLÈDE SE RECOUPE PARFAITEMENT AVEC L'ORIGINAL DU RELIQUAIRE : NOS RÉSULTATS SONT CONFIRMÉS.

LES CARNETS DE JULIUS N'ONT PLUS DE SECRETS POUR NOUS !

NOUS EN AVONS EXTRAIT LES 7 VERSETS QUI MÈNENT AU TROISIÈME TESTAMENT.

6 SONT DÉJÀ DÉCRYPTÉS, ET LA SEPTIÈME CLÉ DU TRIANGLE A ÉTÉ DÉCOUVERTE À ST-LUC.

QUAND LES HORDES DU MAÎTRE L'AURONT RAMENÉE ICI À STORNWALL, NOUS AURONS LA RÉPONSE !

OUI... LA DERNIÈRE CLÉ REFERMERA LE TRIANGLE QUI MÈNE AU SANCTUAIRE DU TROISIÈME TESTAMENT...

IL NE RESTE PLUS QU'À ATTENDRE !

ATTENDRE ?!

VOUS ET VOS HOMMES ALLEZ REPRENDRE LES CARNETS DE JULIUS PAGE À PAGE ET VÉRIFIER MINUTIEUSEMENT CHACUNE DE VOS CONCLUSIONS !

PLUS QUESTION DE REPOS. RELISEZ. RECOUPEZ. RECOMMENCEZ, ENCORE ET ENCORE ! TUEZ VOS TRADUCTEURS À LA TÂCHE S'IL LE FAUT, MAIS QUAND LA DERNIÈRE CLÉ ARRIVERA, PAS LE MOINDRE DOUTE NE DEVRA SUBSISTER !

CAR DÉJÀ LES MORTS SE MULTIPLIENT.

DÉJÀ LA PESTILENCE ENVAHIT MON ÎLE...

CE RELIQUAIRE ÉTEND SON EMPRISE BIEN AU-DELÀ DES PORTES DE CETTE CRYPTE...

LA TOILE DU GRAND DESSEIN SE TISSE SOUS NOS YEUX, TESSINGHER...

LE MAÎTRE NE TOLÉRERA PAS LE MOINDRE DÉFAUT DANS SA TRAME.

6.

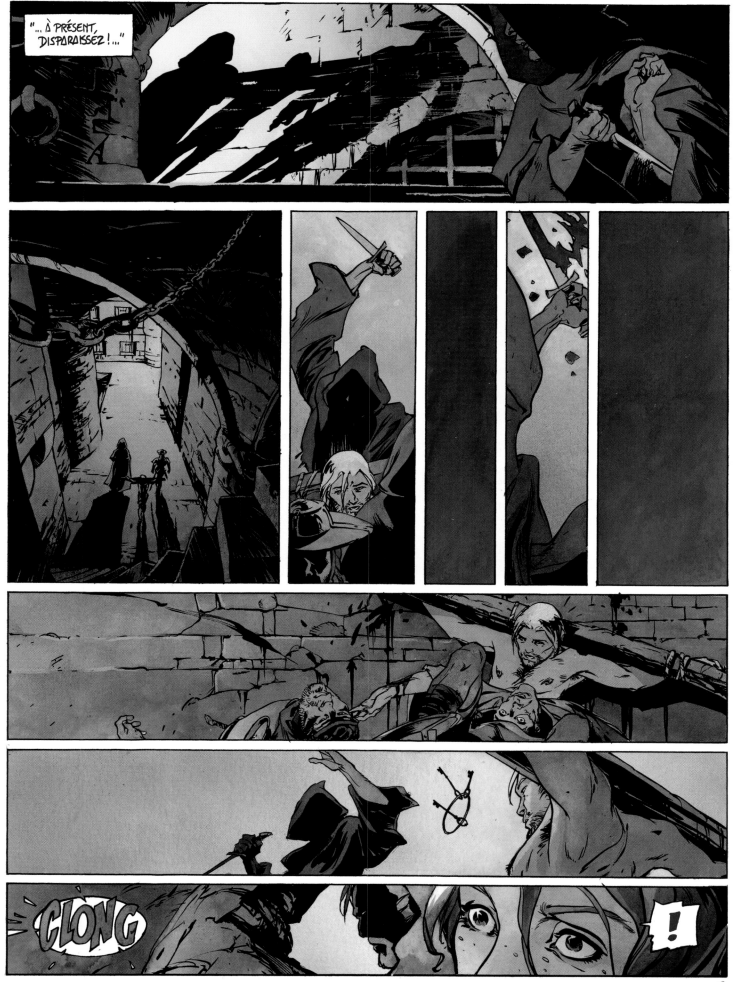

MARBOURG ?

J'AI UN DEVOIR À REMPLIR.

QUEL DEVOIR ?

IL N'Y A PAS UNE MINUTE À PERDRE ! NOUS DEVONS RATTRAPER LA HORDE NOIRE, ATTEINDRE L'ABBAYE DE SAINT-LUC AVANT QU'ILS NE FRAPPENT...

C'ÉTAIT ÉCRIT DANS LEURS DOCUMENTS ! LA "DERNIÈRE CLÉ" DU PLAN DE SAYN EST LÀ-BAS !

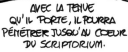

MAIS SA PLUS GRANDE ARME EST ICI. LES ÉCRITS QUI MÈNENT AU TROISIÈME TESTAMENT NE PEUVENT RESTER ENTRE LES MAINS DU DÉMON !

VOUS N'Y PENSEZ PAS ! ILS NE VOUS LAISSERONT JAMAIS APPROCHER DES CARNETS DE JULIUS !

FAUX.

AVEC LA TENUE QU'IL PORTE, IL POURRA PÉNÉTRER JUSQU'AU CŒUR DU SCRIPTORIUM.

... MAIS SI VOUS TENTEZ D'EN SORTIR QUOI QUE CE SOIT...

TELLE N'EST PAS MON INTENTION.

QUOI ?!

JE VOUS RETROUVE AU BATEAU, DANS UNE HEURE.

NE FAITES PAS ÇA ! NOUS AVONS UNE DERNIÈRE CHANCE DE SORTIR D'ICI VIVANTS... JE VOUS EN CONJURE, SAISISSEZ-LA !

AU BATEAU DANS UNE HEURE. SI JE N'Y SUIS PAS...

NOUS PARTIRONS !!

NOUS PARTIRONS, JE NE LAISSERAI PAS VOTRE OBSTINATION À MOURIR POUR LA FOI NOUS CONDAMNER TOUS !

CLAC.

9.

"...ET IL N'A RIEN DIT ?"

IL A DIT D'ALLER AU BATEAU.

"...ÉCOUTE, MON MYSTÉRIEUX SAUVEUR NE ME PLAÎT PAS PLUS QU'À TOI... MAIS POURQUOI NOUS AURAIT-ON LIBÉRÉS POUR NOUS ATTIRER DANS UN PIÈGE ?

NON... CE QUI M'INQUIÈTE C'EST SI MARBOURG SE FAIT PRENDRE..."

ÇA T'INQUIÈTE ET TU N'AS PAS RÉAGI ?

PARCE QU'IL M'AURAIT ÉCOUTÉ ?!

NON. SANS DOUTE QUE NON...

QU'EST-CE QUE C'EST QUE ÇA ?

MARCHANDISE SPÉCIALE POUR LA CÔTE, PASSEUR ! ORDRE DE L'INTENDANT TESSINGHEIR !

À SOIGNER TOUT PARTICULIÈREMENT...

OH, JE SERAI SOIGNEUX...

INSTALLE-LA AU FOND DU GAILLARD D'ARRIÈRE, J'AURAI UN ŒIL SUR ELLE...

"...ET FAITES-VOUS PETITS PENDANT LES MANŒUVRES. NOUS PARTONS.

?!"

COMMENT... DÉJÀ ?!

TOUT JUSTE, JE NE TIENS PAS À ME RETROUVER DANS LE GRAIN QUI SE PRÉPARE, FISTON !

L'ÉCLUSE SERAIT DÉJÀ OUVERTE SI CES FEIGNANTS SAVAIENT TRAVAILLER !

ALLEZ ! DU NERF, AVEC CE TONNEAU !

JE VAIS CHERCHER MARBOURG. TU RESTES ICI.

TU... TU FERAIS ÇA POUR LUI ?

PAS SEULEMENT POUR LUI.

JE NE VEUX PAS LE SAVOIR, FRÈRE GIOVANNI !

À MON RETOUR, CE SCRIPTORIUM DOIT ÊTRE À PIED D'OEUVRE...

... VOUS ET MOI DESCENDRONS DANS LA CRYPTE POUR REPRENDRE LE TRAVAIL SUR LES CARNETS. ORDRE DE MONSEIGNEUR UTHER LE POURPRE.

VOTRE FOI A ÉTÉ RÉCOMPENSÉE JUSQU'À PRÉSENT, FRÈRE GIOVANNI.

VOUS PORTEZ LA ROBE NOIRE, ET VOUS AVEZ ENCORE UNE LANGUE.

FAITES EN SORTE QUE CELA DURE.

DIEU...

11-

13

"LES MESSAGERS DU FILS NE FORMAIENT QU'UN,
TELLES LES TRIBUS D'ISRAËL. MÊME DÉPOURVUE DE LEUR ÉTENDARD,
LEUR ARMÉE S'ÉTENDRA SUR LE MONDE..."

TOI,
LÀ-BAS!

TU NE CONNAIS PAS
LES RÈGLES ?!
NUL NE SORT SANS PASSER
PAR LA FOUILLE !

LES ROBES NOIRES
NE FONT PAS
EXCEPTION !!

NE VOUS DONNEZ PAS
CETTE PEINE, CAPITAINE !
CET HOMME
DOIT M'ACCOMPAGNER
JUSQU'À L'EMBARCADÈRE...

...JE LE
CONTRÔLERAI
MOI-MÊME !

CLANG

HORS DE QUESTION,
FRELUQUET!
LES ORDRES DE
SA SEIGNEURIE
NE SOUFFRENT AUCUNE
EXCEPTION !

LE
PRISONNIER !
JE LE SAVAIS !!

"..."

KLANK
KLANK

ALERTE !!
SCELLEZ LE
SCRIPTORIUM!

CLONG

14.

NOUS AVIONS SÉJOURNÉ DANS L'ANTRE DE L'ENNEMI, SENTI SES CHAÎNES SUR NOS COUS, SON ACIER SUR NOS CHAIRS... ET NOUS LUI AVIONS ÉCHAPPÉ. NOUS ÉTIONS SORTIS DE STORNWALL, VIVANTS.

AVANT DE SABORDER LE NAVIRE, TREVOR AVAIT ENCORE RÉUSSI À TROUVER DE L'ARGENT À BORD. UNE PLEINE CAISSE, CETTE FOIS

CE ÉTAIT POUR NOUS UN PIÈTRE RÉCONFORT. MARBOURG ÉTAIT SORTI DU SCRIPTORIUM LES MAINS VIDES, ET N'AVAIT PAS PARLÉ DE CE QU'IL Y AVAIT VU...

IL NE NOUS RESTAIT QU'À REJOINDRE LE RIVAGE OÙ NOUS AVIONS LAISSÉ LES CHEVAUX DEUX JOURS AUPARAVANT...

ET MAINTENANT, MARBOURG ?

D'ABORD QUITTER CES TERRES AU PLUS VITE. ÉCRIRE À GHERARD DE NE PAS NOUS ATTENDRE À ROME COMME PRÉVU. ENSUITE REJOINDRE SAINT-LUC AVANT LA HORDE NOIRE...

...ET UNE FOIS LÀ-BAS PRÉVENIR LE MASSACRE ET RÉCUPÉRER LA "DERNIÈRE CLÉ" AVANT SAYN. BIEN...

...MAIS LE NOM DE SAINT-LUC NE VOUS EST PAS INCONNU...JE ME TROMPE ?

DISONS QUE JE NE SUIS PAS SURPRIS QUE SAYN AIT UN LIEN AVEC L'ENDROIT...

IL Y A UNE TRENTAINE D'ANNÉES, ON A BEAUCOUP PARLÉ DES PRATIQUES ÉTRANGES DE CETTE ABBAYE RECULÉE. LES RUMEURS SE SONT ARRÊTÉES LORSQUE LES MARÉCAGES ONT FINALEMENT EU RAISON DE LA COMMUNAUTÉ, DISPERSÉE QUAND L'ABBAYE A COMMENCÉ À S'ENFONCER.

ENGLOUTIE SOUS LE POIDS DE SON BLASPHÈME...

ALORS... QU'ALLONS-NOUS TROUVER LÀ-BAS ?

UN GROUPE DE FRÈRES S'EST INSTALLÉ DANS UN VILLAGE TOUT PROCHE... FRANCISCAINS, JE CROIS ...

LA LETTRE QUE NOUS AVONS TROUVÉE AVANT NOTRE CAPTURE SUGGÉRAIT LA PRÉSENCE D'UN HOMME DE SAYN À SAINT-LUC... SANS DOUTE UN ESPION ISOLÉ, PEUT-ÊTRE UN GROUPE D'HÉRÉTIQUES...

NOUS NE POURRONS ÊTRE FIXÉS QU'UNE FOIS SUR PLACE... EN BOHÊME !

SI NOUS ARRIVONS À TEMPS! ILS ONT BEAUCOUP D'AVANCE... NOUS NE TROUVERONS SANS DOUTE QUE CENDRES EN ARRIVANT!...

C'EST VRAI...

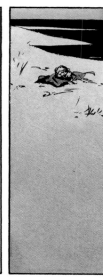

... MAIS SI DIEU LE VEUT, NOUS AURONS SUR LA HORDE DEUX AVANTAGES QUI...?

OH.

LE BATEAU DE JACK...

ALORS CE DOIT ÊTRE LA MÈRE DE NOTRE PETIT PASSEUR...

DE L'OR?! VOILÀ CE QUI TE VIENT À L'ESPRIT?

CLING!

!

CETTE FEMME VIENT DE PERDRE UN ENFANT, ET C'EST **TOUT** CE QUE TU TROUVES À LUI APPORTER **?!**

DANS LE TEMPS QUE NOUS AVONS?...

...OUI! C'EST TOUT CE QUE JE TROUVE À APPORTER! ET C'EST LE MIEUX QUE L'ON PUISSE FAIRE!

C'EST POUR **ÇA** QUE JACK NOUS A CONDUITS JUSQU'À L'ÎLE. POUR **ÇA** QU'IL EST MORT...

POUR MANGER, POUR SURVIVRE, POUR ÊTRE LIBRE. C'EST **ÇA** L'ARGENT, PRINCESSE! TOUT CE QUI COMPTE DANS CE MONDE SANS JUSTICE!

SI TU AS AUTRE CHOSE À PROPOSER, JE T'ÉCOUTE!

21.

NOUS IRONS À SAINT-LUC! COÛTE QUE COÛTE, NOUS ARRIVERONS AVANT LA HORDE !!

JE NE LAISSERAI PAS D'AUTRES INNOCENTS **MOURIR** PARCE QUE NOUS N'AURONS RIEN FAIT POUR LES AIDER !

IL A DÉCOUVERT NOTRE PLUS PRÉCIEUX SECRET.

DÉTRUIT À JAMAIS CE QU'IL NE POUVAIT COMPRENDRE...

22

...PUIS LE FILS DU LION NOUS A ÉCHAPPÉ.

MARBOURG S'EST ÉCHAPPÉ !

PENSEZ-VOUS RÉELLEMENT QU'IL AIT PU SORTIR D'ICI SANS AIDE, TESSINGHER ?

SANS DOUTE, MONSEIGNEUR ! SES COMPAGNONS SONT HABILES, ET...

STUPIDE.

...MAIS VOUS ÊTES AUSSI STUPIDE, ET VOUS M'AVEZ TRAHI.

VOUS ÊTES SANS FOI ET LÂCHE, C'EST POURQUOI JE VOUS AI CHOISI.

...

...COMME VOUS A TRAHI CE COURRIER QUI DEVAIT PARTIR DANS LE MÊME BATEAU QUE MARBOURG !

QUI A PU VOUS INSPIRER AUTANT DE CRAINTE QUE LE MAÎTRE ?

QUI ?

LES... LES TEMPLIERS.

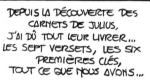

DEPUIS LA DÉCOUVERTE DES CARNETS DE JULIUS, J'AI DÛ TOUT LEUR LIVRER... LES SEPT VERSETS, LES SIX PREMIÈRES CLÉS, TOUT CE QUE NOUS AVONS...

TU... LEUR A RÉVÉLÉ L'EXISTENCE DU TROISIÈME TESTAMENT ?!

NOON ! ILS SAVAIENT DÉJÀ, JE LE JURE ! ILS NE SONT PAS CE QU'ILS SEMBLENT !

LE BORGNE BALAFRÉ, IL SAIT BEAUCOUP ! BEAUCOUP SUR VOUS, SUR LES CARNETS... MÊME SUR LE MAÎTRE !

ILS M'ONT SAUVÉ DU BÛCHER POUR M'ENVOYER ICI ! JE N'AVAIS PAS LE CHOIX !

PITIÉ !

PITIÉ !!

TU ME LIVRERAS TOUS TES CONTACTS, ET JE LES TUERAI UN PAR UN.

PUIS TU MOURRAS PENDANT DES HEURES.

J'ÉTAIS AVEUGLE, MON MAÎTRE.

J'AI TRAITÉ LES CHEVALIERS DU TEMPLE COMME UN SIMPLE OBSTACLE.

...ILS SONT INFINIMENT PLUS.

LES FILS DE LUMIÈRE SONT À PRÉSENT RÉVÉLÉS.

LA GUERRE EST À NOS PORTES...

...QUE LE JUGEMENT S'ACCOMPLISSE !

23.

À NOUVEAU SUR LES ROUTES. CHASSEURS. CHASSÉS.

COURSE CONTRE LA HORDE QUI NOUS PRÉCÉDAIT. CONTRE LES HOMMES DE STORNWALL, SANS DOUTE DÉJÀ SUR NOS TRACES.

À NOUVEAU LES QUESTIONS. QU'ÉTAIENT RÉELLEMENT LES CAVALIERS QUE NOUS TENTIONS DE RATTRAPER ?
D'OÙ VENAIENT-ILS, ET DEPUIS QUAND ÉTAIENT-ILS AUX ORDRES DE SAYN ? LE MYSTÈRE DEMEURAIT.
MAIS COMME MARBOURG L'AVAIT ANNONCÉ, LE PEU QUE NOUS SAVIONS POUVAIT NOUS CONFÉRER UN DOUBLE AVANTAGE...

D'ABORD NOUS POURRIONS EMPRUNTER LE CHEMIN LE PLUS DIRECT VERS SAINT-LUC, TANDIS QUE LA HORDE DEVAIT SANS DOUTE CONTOURNER LES VILLES ET LES ROUTES FRÉQUENTÉES.

D'AUTRE PART NOS ADVERSAIRES NE SEMBLAIENT PAS SE DÉPLACER EN PLEINE LUMIÈRE...

... NOUS, EN REVANCHE, CHEVAUCHERIONS JOUR ET NUIT...

BIENTÔT LES LIEUES DÉFILAIENT SOUS LE GALOP DE NOS MONTURES.

ÉCONOMES DE LA MOINDRE MINUTE, FOURBUS, À BOUT DE FORCES, NOUS MENIONS LES CHEVAUX JUSQU'À L'ÉPUISEMENT.

PUIS NOUS RACHETIONS À PRIX D'OR DE NOUVEAUX COURSIERS.

24.

PLUS VITE.
TOUJOURS PLUS VITE.
JOUR. NUIT.

PLUS RAPIDES QUE LES
PLUS RAPIDES MESSAGERS,
NOUS LAISSIONS UNE TRACE
PLUS VISIBLE QUE LE SOC
D'UNE CHARRUE
...

[M]AIS C'ÉTAIT SANS
IMPORTANCE. CAR DE CEUX
QUI NOUS RECHERCHAIENT, PAS UN
NE POUVAIT NOUS RATTRAPER...

LE SEUL MOYEN DE NOUS
ARRÊTER ÉTAIT D'ÊTRE
DÉJÀ LÀ OÙ NOUS ALLIONS.

CE QUI ÉTAIT
IMPOSSIBLE...

...À MOINS QUE, DE
NOUS-MÊMES, NOUS NOUS
LIVRIONS À L'ENNEMI...

HALTE!

TEMPLIERS
...

... ET CETTE FOIS, IL VA FALLOIR
PASSER SOUS LEUR NEZ !

EXTRÊMEMENT RISQUÉ !
SI LE TRAÎTRE QUI M'A
LIBÉRÉ DE STORNWALL ÉTAIT
À LEUR SOLDE,
IL SE PEUT QU'ILS S'ATTENDENT
À NOUS VOIR ARRIVER ...

25.

...MAIS LE PROCHAIN PONT EST À DES **LIEUES** D'ICI! SI NOUS PERDONS CETTE COURSE, TOUS NOS EFFORTS AURONT ÉTÉ VAINS!

NOTRE ROUTE PASSE PAR CE PONT TEMPLIER. PAS DE DÉTOUR.

ALORS SÉPARONS-NOUS! ILS NOUS REPÉRERONT MOINS FACILEMENT!

JE SUIS LE PLUS RECONNAISSABLE, J'IRAI EN DERNIER.

ET MOI? UNE DEMOISELLE SEULE ÉVEILLE LES SOUPÇONS!

UNE DEMOISELLE, OUI...

...PAS UN GARÇON D'ÉCURIE!

...ET VU TON ÉTAT, LA CONFUSION SE FAIT VITE!

COURAGEUSE...

ELLE NE SURVIVRA PAS. VOUS LE SAVEZ. POURQUOI LA LAISSER VOUS SUIVRE DANS CETTE AVENTURE?

POUR QU'ELLE NE S'Y RETROUVE PAS SEULE.

ET SI VOUS N'AVEZ PAS JUGÉ BON DE ME RENVOYER COURIR LE MONDE APRÈS STORNWALL, C'EST AUSSI POUR MA SÉCURITÉ?

NON...

POUR LA MIENNE.

QUELQUE CHOSE CLOCHE EN BAS.

ELLE REMONTE!

26.

JE N'Y COMPRENDS RIEN! C'EST UNE ARRESTATION GÉNÉRALE!!

L'INQUISITION VIENT D'ARRIVER SUR LE PONT. TOUS LES TEMPLIERS SONT ARRÊTÉS! ET C'EST LA MÊME CHOSE SUR TOUT LE TERRITOIRE!

NOUS POUVONS TRAVERSER, MARBOURG! MAIS AU NOM DU CIEL, QU'EST-CE QUI SE **PASSE ?!**

GUILLAUME DE PARIS LANCE SON ATTAQUE.

QUI ?

GUILLAUME DE PARIS, LE GRAND INQUISITEUR DE FRANCE. GHERARD AVAIT PRÉDIT CE QUI ARRIVE...

...MAIS ÇA N'A PAS DE SENS...

LES TEMPLIERS ONT RÉUSSI À ABUSER GHERARD... COMMENT POURRAIENT-ILS SE LAISSER SURPRENDRE PAR L'INQUISITION AUSSI FACILEMENT ?

C'ÉTAIT CE 13 OCTOBRE...

A CE MOMENT NOUS N'AURIONS JAMAIS PU IMAGINER QUELLE PHÉNOMÉNALE MACHINATION TROUVAIT SA CONCLUSION DANS LE SPECTACLE QUE NOUS AVIONS SOUS LES YEUX...

L'ORDRE TEMPLIER AVAIT DÉFENDU LA TERRE SAINTE AVANT DE DEVENIR L'ORGANISATION LA PLUS PUISSANTE DU MONDE CHRÉTIEN.

ON VENAIT DE L'ABATTRE COMME UNE VULGAIRE BANDE DE COUPE-JARRETS, NOUS LAISSANT LA VOIE LIBRE ET, PENSIONS-NOUS, UN SEUL ENNEMI À COMBATTRE.

ETAIT-IL ENCORE DEVANT NOUS ? LES NERFS TENDUS, NOUS ÉTIONS À L'AFFÛT DU MOINDRE SIGNE DE LA HORDE...

PUIS VINT L'ORAGE.

DES JOURS ET DES JOURS DANS LA PLUIE ET LA BOUE. ET TOUJOURS NOUS CHEVAUCHIONS.

À TRAVERS UNE FORÊT DE PLUS EN PLUS DENSE, NOUS PÉNÉTRIONS DANS UN TERRITOIRE SAUVAGE, AUX LIMITES DE L'OCCIDENT...

ENFIN L'ÉCLAIRCIE SURVINT.

NOUS ÉTIONS EN BOHÊME.

...ET LÀ, AU FOND D'UNE VALLÉE ISOLÉE...

FINI...

CES INSCRIPTIONS ÉTAIENT GRAVÉES AU MUR, AU-DESSUS DES CARNETS DE JULIUS... UNE ÉTOILE À 7 BRANCHES, DES LETTRES EN TRIANGLE, ET CE TEXTE...

SAVEZ-VOUS CE QUE CELA SIGNIFIE ?

PAS ENCORE...

...MAIS AMI OU ENNEMI, QUELQU'UN ICI DOIT POUVOIR NOUS AIDER...

TOUT N'EST PAS ENCORE JOUÉ.

QU... QU'EST-CE QUE C'EST ?

JE N'AI RIEN PU SORTIR DU SCRIPTORIUM DE STORMWALL. ÇA NE VEUT PAS DIRE QUE JE N'Y AI RIEN TROUVÉ...

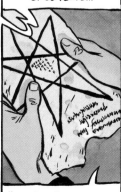

"LES MESSAGERS DU FILS NE FORMAIENT QU'UN, TELS LES TRIBUS D'ISRAËL. MÊME DÉPOURVUE DE LEUR ÉTENDARD, LEUR ARMÉE S'ÉTENDRA SUR LE MONDE..."

JE SAURAI QUI AVANT LA NUIT TOMBÉE.

VA TE REPOSER.

29-

AU CONTACT DES FRÈRES ET DES VILLAGEOIS, MARBOURG DEVAIT APPRENDRE CE QUI S'ÉTAIT PRODUIT AU BEAU MILIEU DE LA NUIT, ALORS QUE LA TEMPÊTE FAISAIT ENCORE RAGE ...

DÉCLENCHÉ ON NE SAIT COMMENT, UN INCENDIE AVAIT EMPORTÉ LE TRÈS ÉRUDIT FRÈRE WENCESLAS, EN MÊME TEMPS QUE TOUS SES TRAVAUX ET LA MAJEURE PARTIE DE LA SALLE D'ÉTUDE ...

LE PASSAGE DE LA HORDE NE FAISAIT AUCUN DOUTE.

MALGRÉ CELA, LES PAROLES DE MARBOURG M'AVAIENT RASSÉRÉNÉE. SI BIEN QU'AU MOMENT DE RETROUVER TREVOR JE N'AURAIS JAMAIS PU IMAGINER QUE LES MOTS QUE NOUS ÉTIONS SUR LE POINT D'ÉCHANGER ...

... SERAIENT LES DERNIERS.

NOUS NE PARTONS PAS TOUT DE SUITE. MARBOURG PENSE QU'IL RESTE UN ESPOIR ...

LEQUEL ?

SAYN A SA FAMEUSE "DERNIÈRE CLÉ", QUOI QU'ELLE PUISSE ÊTRE ... LE TROISIÈME TESTAMENT EST À LUI ...

QUE POUVONS-NOUS ESPÉRER ?

QUELQU'UN ... UN DES FRÈRES SAIT PEUT-ÊTRE QUELQUE CHOSE ...

OH, JE T'EN PRIE !

JE NE SAIS PAS CE QU'IL A PERDU, NI QUI IL CHERCHE À VENGER ... MAIS TROP DE MORTS PAR SA FAUTE.

TROP DE SOI-DISANT DÉMONS ...

... EN FAIT DE PAUVRES FOUS ... FOUS DE DIEU, COMME TOI !

TU N'AS PAS VU SES YEUX ! L'INQUISITEUR CHERCHE UNE NOUVELLE VICTIME ! UN HÉRÉTIQUE QUI PAIERA, COMME TANT D'AUTRES AVANT LUI ONT PAYÉ !

C'EST ÇA QUE TU CHERCHES AUSSI ? LA VENGEANCE POUR TON PÈRE ?

OU BIEN EST-CE LE POUVOIR DU TROISIÈME TESTAMENT ?

LE POUVOIR D'ASSÉNER AUX HOMMES LA VÉRITÉ DE DIEU, DE DÉCLENCHER EN SON NOM DE NOUVELLES GUERRES SACRÉES !

LA VENGEANCE ET LE POUVOIR ? VOILÀ TES MOTIVATIONS ?

JE CHERCHE À SAVOIR TREVOR. JE NE PEUX PAS VIVRE SANS...

...PARCE QUE SANS SAVOIR, JE NE PEUX PAS VIVRE LIBRE.

...ET MALGRÉ CE QUE TU DIS, JE SUIS SÛRE QUE C'EST AUSSI CE QUE PENSE MARBOURG.

MON TRAVAIL EST TERMINÉ. BIENTÔT, JE SERAI PAYÉ... DE L'OR POUR TOUTE UNE VIE.

JE PARTIRAI. VENISE, GRENADE, JE NE SAIS PAS...

VIENS AVEC MOI.

NON.

TREVOR...

31.

33

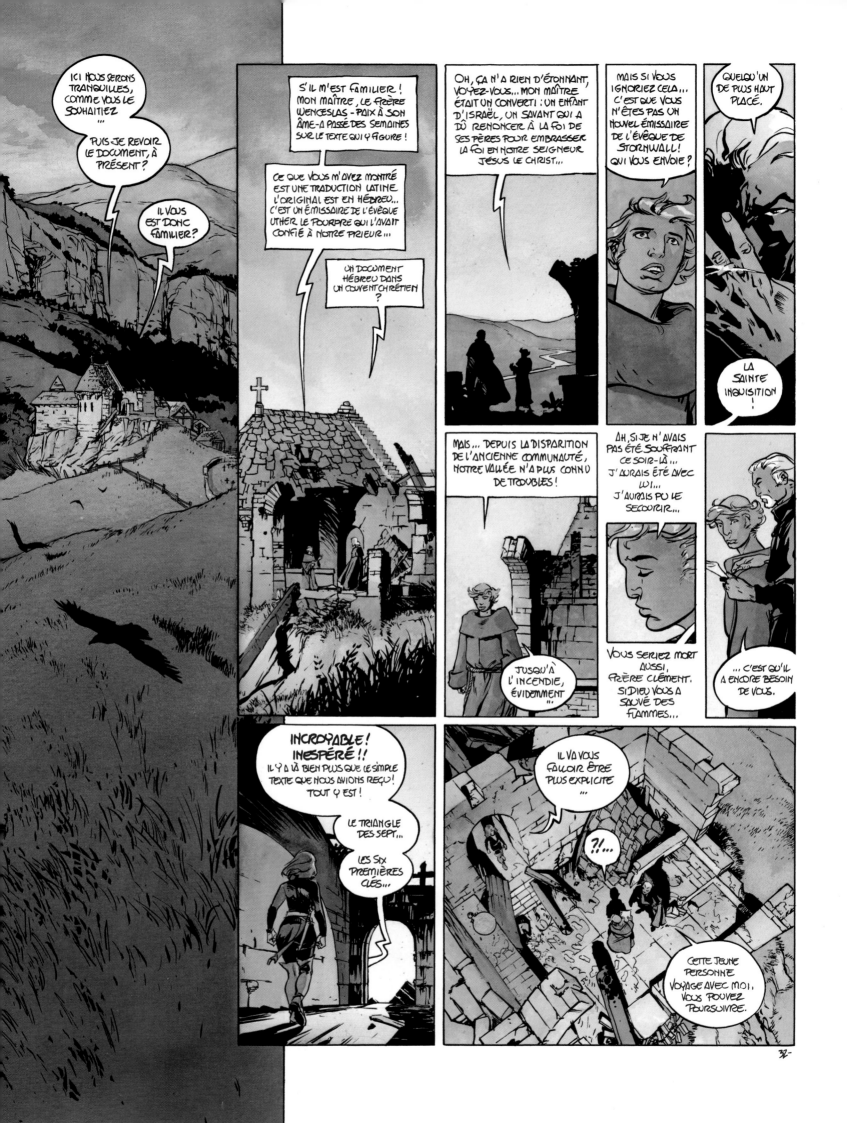

EH BIEN... NOUS AVONS AFFAIRE AU DÉCRYPTAGE D'UNE GIGANTESQUE ÉNIGME.

LA RECHERCHE D'UN SECRET EXTRÊMEMENT BIEN GARDÉ, COMME LA CACHE D'UN TRÉSOR...

SELON LA THÉORIE DE MON MAÎTRE, LE SECRET EST AU DÉPART DISSIMULÉ DANS UN TEXTE ASSEZ LONG. PEUT-ÊTRE PLUSIEURS ROULEAUX, OU UN CODEX ENTIER... POUR LE PROFANE, CE TEXTE A UN SENS ÉVIDENT. CE PEUT ÊTRE UNE LÉGENDE, UNE PARABOLE, UNE CHRONIQUE...

...OU UN CARNET DE VOYAGE.

EXACTEMENT...

...MAIS POUR EN EXTRAIRE LE SECRET, IL FAUT LIRE AU-DELÀ DU RÉCIT ET APPRÉHENDER LE LANGAGE OCCULTE DES SYMBOLES QU'IL CONTIENT...

PAR CE LONG TRAVAIL, L'INITIÉ PEUT RÉDUIRE LE TEXTE ORIGINAL À UNE OU PLUSIEURS PHRASES QUI CONSTITUENT SA VÉRITABLE ESSENCE... NE MANQUE-T-IL RIEN SUR CE SCHÉMA ?

SI...

IL Y AVAIT SIX AUTRES TEXTES AUTOUR DE L'ÉTOILE. TOUS BARRÉS.

NOUS Y VOILÀ. AU TOTAL, SEPT TEXTES CACHÉS DANS LE MANUSCRIT ORIGINAL.

SONT-ILS TOUS AUSSI OBSCURS QUE CELUI QUE NOUS AVONS ?

SANS NUL DOUTE, CAR NOUS AVONS AFFAIRE À UNE ÉNIGME COMPLEXE... UN MÉCANISME À PLUSIEURS ÉTAPES QUI FONT APPEL À DIFFÉRENTES CLÉS DE COMPRÉHENSION, DE SORTE QUE SEUL LE SAGE D'ENTRE LES SAGES, OU PEUT-ÊTRE UNE ARMÉE D'ÉRUDITS, PUISSE TROUVER LA RÉPONSE...

ET LE TRIANGLE DE LETTRES ?

PATIENCE, JEUNE FILLE ! POUR L'INSTANT, SACHEZ SEULEMENT QUE CHACUN DES TEXTES EST À SON TOUR UNE ÉNIGME QUI CACHE UNE LETTRE DE L'ALPHABET HÉBRAÏQUE. ET QU'UNE FOIS CORRECTEMENT ASSEMBLÉES, CES LETTRES CONSTITUENT LE **GRAND SECRET** DU TEXTE DE DÉPART...

TEL EST LE CHEMIN. TOUT UN CARNET POUR 7 PHRASES. 7 PHRASES POUR UN SEUL MOT...

LA POSITION DU TROISIÈ...

COMMENT RÉSOUT-ON L'ÉNIGME ?

DOIS-JE COMPRENDRE QUE VOUS NOUS QUITTEZ DÉJÀ ?

À REGRET, PÈRE PRIEUR!

À REGRET...

IL EST SI RARE D'AVOIR DES VISITEURS DE VOTRE QUALITÉ DANS CES RÉGIONS RECULÉES...

ENFIN, J'ESPÈRE QUE VOUS ACCEPTEREZ QUE NOTRE MAGASINIER VOUS FOURNISSE LES PROVISIONS NÉCESSAIRES À VOTRE PÉRIPLE !

AVEC JOIE. MES COMPAGNONS ET MOI VOUS SOMMES TRÈS RECONNAISSANTS, PÈRE PRIEUR...

EH BIEN, CE N'EST PAS ENCORE CE SOIR QUE NOUS DORMIRONS DANS UN LIT !

PENSEZ-VOUS VRAIMENT QUE NOUS COURRIONS UN RISQUE EN RESTANT À SAINT-LUC ?

VOUS CROYEZ QUE L'HOMME – OU LES HOMMES – DE SAYN SONT ENCORE SUR PLACE ?

QU'ILS AURAIENT TENTÉ QUELQUE CHOSE CONTRE NOUS ?

MARBOURG ?

VOUS PENSEZ L'AVOIR REPÉRÉ, N'EST-CE PAS? ALORS POURQUOI NE PAS L'AVOIR DÉMASQUÉ DEVANT LE PRIEUR?

SON HEURE VIENDRA.

VOUS AVEZ RAISON. IL Y A PLUS IMPORTANT, MAINTENANT...

UNE FOIS À PRAGUE, NOUS TROUVERONS UN CARTOGRAPHE... ET LE TROISIÈME TESTAMENT SERA À NOTRE PORTÉE !

LA VOIE EST TRACÉE. LA FIN EST PROCHE...

SI NOUS NE NOUS ÉGARONS PAS EN CHEMIN !

38

AA

M.... MARBOURG ?

MARBOURG ?

QU'EST-CE QUE ...

CETTE LUEUR....

TREVOR ! RÉVEILLE-TOI, MARBOURG EST PARTI !

TU AVAIS RAISON, QUELQUE CHOSE NE VA P...

?!

ÉLISABETH?!

RETIENS TON BRAS, FILS DU LION.

CAR AVANT QUE TU NE M'ATTEIGNES, SA TÊTE SERA RÉPANDUE SUR LE SOL...

BIEN. À PRÉSENT, **TU SAIS** QUE TU M'ÉCOUTERAS JUSQU'AU BOUT.

LAISSE-LA VIVRE.

OUI, LE TEMPS POUR MOI DE PARLER ...

... PUIS ELLE MOURRA, CAR ELLE EST UN OBSTACLE SUR LA VOIE QUI T'EST TRACÉE ...

LIBÈRE-LA.

TA MENACE NE PEUT ME TOUCHER. JE **SAIS** QUE TU NE MEURS PAS CE SOIR. TU NE CONNAIS PAS VRAIMENT L'HÉRITAGE QUE TU PORTES GRAVÉ SUR LA POITRINE ... CROIS-TU POUVOIR CHANGER CE QUI EST ÉCRIT, QUAND DES DESTINS MILLÉNAIRES S'ACCOMPLISSENT ?

TA VIE NE T'APPARTIENT PLUS, FILS DU LION. IL EST DIT QUE LE MAÎTRE TE CONFRONTERA AVANT LA FIN. IL EST DIT QUE TU VERRAS LE TROISIÈME TESTAMENT ! ...

TU LE VERRAS DANS LA MAIN DROITE DE CELUI QUI EST ! ... UN LIVRE ÉCRIT AU-DEDANS ET AU-DEHORS ... ET IL SERA FERMÉ DE SEPT SCEAUX, COMME SAINT JEAN L'AVAIT PROPHÉTISÉ ! ...

OUI, FILS DU LION.

TU AS COMPRIS, ENFIN...

!

45

NOOON!

TU NE PEUX PAS MOURIR!

C'EST IMPOSSIBLE!

CRASH!

NE LE TOUCHE PAS!

NE LE TOUCHE PLUS JAMAIS!!

BROO...

ENTENDS LA COLÈRE DE DIEU, FILS DU LION!

EN CE JOUR LES SEPT SCEAUX SERONT BRISÉS ET LE TROISIÈME TESTAMENT LIBÉRERA LES FLÉAUX DE L'APOCALYPSE

LE DRAGON À SEPT TÊTES ET DIX CORNES SORTIRA DE LA MER LA TERRE S'OUVRIRA ET LES ÉTOILES TOMBERONT DU CIEL EN UNE PLUIE DE FEU...

CAR CE JOUR SERA LE DERNIER

ET LE JUGEMENT SERA RENDU!

HF.

HF.

H...

MARBOURG...

C'EST MA FAUTE. MA FAUTE...

TU... AS LAISSÉ PARLER TON HUMANITÉ...

C'EST CE QUE TU AS DE PLUS GRAND ...

MAIS CEUX QUE NOUS COMBATTONS NE SONT PAS DES HOMMES...

... ILS SONT DEVENUS LES CRÉATURES DE SAYN, LES ENNEMIS DE DIEU ET DE LA CRÉATION... LES HÉRAUTS DE L'ANTÉCHRIST...

SAYN EST LA BÊTE QU'IL FAUT ABATTRE... IL LE SAIT... IL VEUT DE MOI COMME ADVERSAIRE... PARCE QUE SANS COMBAT, IL N'AURA PAS DE TRIOMPHE ...

JE SUIS LA MAIN DE DIEU. JE SUIS CELUI QUI EMPÊCHE SAYN D'OUVRIR LE LIVRE DE L'APOCALYPSE...

...ET JE MEURS CE SOIR.

NON...

AH

TU PORTERAS MON FARDEAU DÉSORMAIS.

PRENDS CETTE DAGUE... IL TE REVIENT DE LA PLONGER DANS LE COEUR DE L'ANTÉCHRIST...

SOUVIENS-TOI... LA BÊTE ENTRE DANS L'ÂME DE CELUI QUI L'ÉCOUTE...

SOUVIENS-TOI E... EU... ''

NON!

VOUS ALLEZ VIVRE, MARBOURG !

VOUS ALLEZ VIVRE ! DEBOUT !

DEBOUT !

BROOOOOO

HH...

?!

SRASH

TREVOR!

IL EST REVENU,
MARBOURG!
TREVOR EST REVENU
AVEC DES SECOURS!

48.

TU NE LE VERRAS PLUS. MAIS ILS LE GARDERONT EN VIE... ILS ONT BEAUCOUP À LUI RÉVÉLER...

JE T'EMMÈNE À L'ABRI, MAINTENANT.

LOIN DE TOUTE CETTE FOLIE ...

VIENS.

NON...

YAH! ELISABETH!

FSSHHH...

54-

Nezach